21 mai 1884

A

COLLECTION DE M. B. L.

DESSINS ANCIENS

DES DIFFÉRENTES ÉCOLES

DES XVIIE ET XVIIIE SIÈCLES

Yd1 8

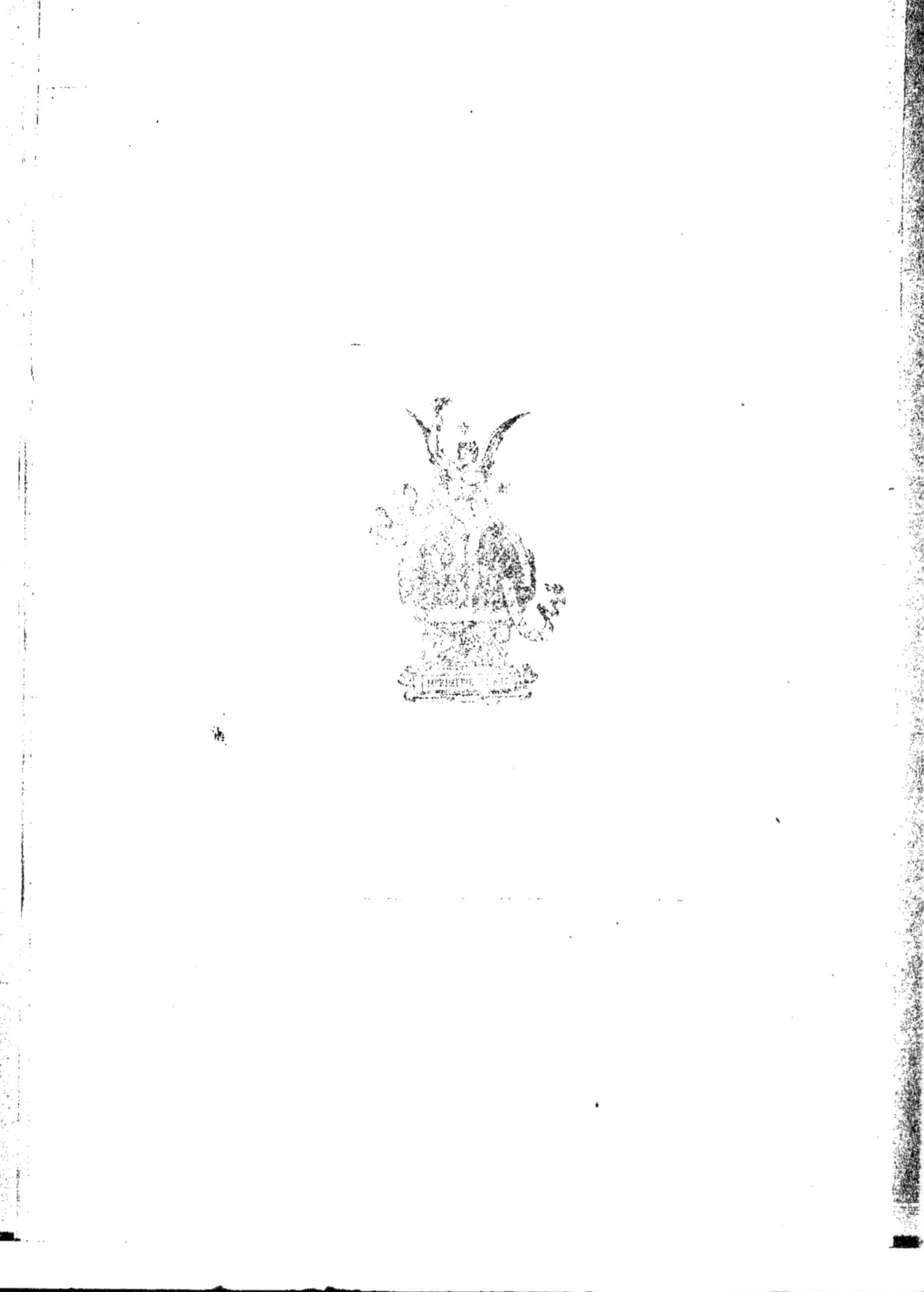

CATALOGUE

DES

DESSINS ANCIENS

PRINCIPALEMENT

DE L'ÉCOLE FRANÇAISE DU XVIIIe SIÈCLE

PAR

Boucher, Cauvet, Desrais, Eisen, Fragonard
Gravelot, Huet, Lancret, Ch. Le Brun, Lépicié, Le Prince
Van der Meulen, Moreau, Nattier, Pater, Portail
Prudhon, Augustin, H. Robert
Saint-Aubin, Trinquesse, J. Vernet, Watteau, Wille, etc.

ET DES DIFFÉRENTES ÉCOLES PAR

Guardi, Canaletto, J. B. et D. Tiepolo, Avercamp
Van Goyen, Van Dyck, Molyn, A. Ostade, J. Ruysdael, etc.

COMPOSANT LA

COLLECTION DE M. B. L.

ET DONT LA VENTE AURA LIEU

HOTEL DROUOT, SALLE N° 5

Le Mercredi 21 Mai 1884, à 2 heures

Me PAUL CHEVALLIER	**M. CH. GEORGE**
COMMISSAIRE-PRISEUR	EXPERT
10, rue Grange-Batelière, 10	12, rue Laffitte, 12

Chez lesquels se trouve le présent Catalogue.

EXPOSITION PUBLIQUE : Le Mardi 20 Mai 1884

DE UNE HEURE A CINQ HEURES

CONDITIONS DE LA VENTE

La vente aura lieu expressément au comptant.

Les acquéreurs payeront en sus des enchères *cinq pour cent* applicables aux frais.

Paris. — Imp. de l'Art, J. Rouam, 41, rue de la Victoire.

DÉSIGNATION

AUGUSTIN

(J. B.)

1 — *Portrait de Mlle La Grave.*

Étude d'après nature pour une miniature devant avoir 13 degrés ainsi que l'indique l'annotation faite sur le dessin par l'artiste.

Dessin au crayon noir et à l'estompe.

2 — *Portrait de Mlle Martin aînée.*

Étude d'après nature pour une miniature de 9 degrés.

Dessin au crayon noir et à l'estompe.

3 — *Portrait de Mlle Martin cadette.*

Étude d'après nature pour une miniature de 8 degrés.

Dessin au crayon noir et à l'estompe.

AVERCAMP

(H.)

4 — *Divertissements d'hiver.*

Canal glacé animé d'une multitude de petites figures.

Dessin à la plume et à l'aquarelle, signé du monogramme.

BEGA

(C.)

5 — *Le Vieux Fumeur.*

Étude au crayon noir sur papier jaune.

BERESTRATEN

6 — *Entrée d'une ville fortifiée.*

Crayon.

BOREL

(A.)

7 — *Calèche attaquée par des brigands.*

A la portière d'une calèche se voit une jeune femme qu'un brigand monté sur un cheval menace d'un pistolet.

Le cocher, sur le siège, est renversé par un deuxième brigand.

Encre de Chine.
Collection de M. le comte de la Béraudière.

BOUCHER

(F.)

8 — *La Peinture.*

Cinq petits génies dans un atelier encombré de toiles et de plâtres. L'un d'eux, le professeur, la palette à la main, vient de quitter une toile commencée représentant les Trois Grâces, pour corriger le travail d'un jeune dessinateur assis devant un buste. Deux autres enfants déroulent un dessin. A droite, un petit broyeur de couleurs.

Cette charmante composition a été gravée par Cochin pour vignette dans les catalogues de ventes publiques au XVIIIe siècle.

Très beau dessin à la pierre noire.
Ancienne collection Nyon.
A figuré à l'Exposition de la *Grosvenor Gallery* à Londres en 1878 et à celle de l'École des Beaux-Arts en 1879.

BOUCHER

(F.)

9 — *Tête de Femme.*

Belle étude aux trois crayons.

BOUCHER

(F.)

10 — *Tête de Jeune Fille.*

De profil, tournée à droite, la tête légèrement penchée.

Dessin aux crayons noir et blanc sur papier jaunâtre.

BOUCHER

(F.)

11 — *La Bergère endormie.*

Elle est assise au pied d'un saule, une corbeille de roses posée à côté d'elle.

Signé et daté 1765.

Crayons noir et blanc.

BOUCHER

(F.)

12 — *Le Pont de bois.*

Une jeune fille, accoudée sur le parapet du pont et suivie d'un chien, cause avec un petit garçon assis au pied d'un arbre.

Dessin au crayon noir et crayon blanc.

BOUCHER

(F.)

13 — *Vénus et l'Amour.*

La déesse est étendue sur une draperie, vue de dos; l'Amour est assis à ses pieds.

Étude aux crayons noir et blanc.

BOUCHER

(F.)

14 — *Étude.*

Une nymphe nue se hausse sur la pointe du pied pour suspendre une guirlande.

Crayons noir et blanc sur papier bleu.

BOUCHER

(F.)

15 — *Tête de Jeune Fille de profil à gauche.*

Crayons noir et blanc.

BOUCHER

(F.)

16 — *La Laitière endormie.*

Crayons noir et blanc.

BOUCHER

(F.)

17 — *L'Habitation rustique.*

Deux enfants sont assis à terre auprès d'une brouette, devant une maison adossée à un bouquet d'arbre.

Dessin à la pierre noire provenant de la collection Sensier.

BOUCHER

(F.)

18 — *Chalet à l'extrémité d'un pont.*

Lavandières auprès d'une barque au premier plan.

Pierre noire.

BOUCHARDON ET BOUCHER

19 — *Dessin pour frontispice.*

Un génie vu de face, les bras ouverts, tient une feuille déroulée représentant deux petits amours dessinant d'après un buste placé sur un support contre lequel s'appuie un carton portant la signature de F. Rancher. En bas on lit : *Bouchardon fecit 1738.*

Charmant dessin à la pierre noire.
A figuré à l'Exposition de la *Grosvenor Gallery* en 1878.

CANALETTO

(A.)

20 — *Une des Iles de Murano, près Venise.*

Sur le devant la mer est sillonnée d'embarcations.

Plume et encre de Chine.

CANALETTO

(A.)

21 — *Deux Paysages.*

L'un au bistre, l'autre à la plume et à l'encre de Chine.

CARESME

(Pil.)

22 — *Le Triomphe de Silène.*

Sépia.

CASANOVA

23 — *Combat de cavalerie.*

Aquarelle.

CASSAS

(L. F.)

24 — *Le Moulin de Charenton, le 4 mai 1776.*

Dessin à la pierre d'Italie.

CAUVET

25 — *Dessin d'ornement.*

Frise représentant des rinceaux et un sphinx auprès d'un brûle-parfums à pied de bouc.

Dessin à la plume.
Collection Lefebvre.

CAUVET

26 — *Dessin d'ornement.*

Frise composée de rinceaux feuillagés, de vases, d'un griffon et d'enfants satyres tenant des guirlandes.

Beau dessin à la plume et à la sépia.
Collection Lefebvre.

COCHIN

(CH.)

27 — *Portrait d'Homme.*

Dessin au crayon.

COYPEL

(A.)

28 — *Têtes de Nymphe et de Satyre.*

Dessin aux trois crayons.

DE MACHY

29 — *Le Tombeau de Caracalla.*

Plume et aquarelle.

DESFRICHES

30 — *Le Moulin-Joly.*

Au revers du dessin on lit : « Vue du Moulin Joly près Paris, à Bezon, offerte à Milady Lucan, à Orléans, le 23 mars 1783, par son très humble, très obéissant serviteur Desfriches. »

31 — *Le pendant du précédent.*

Signé et daté 1783.

Crayon rehaussé de blanc.

DESRAIS

32 — *Le Roman interrompu.*

Dans un élégant intérieur Louis XVI, une jeune femme, assise près d'un lit à baldaquin, reste langoureusement rêveuse sous le charme du livre qu'elle a laissé retomber sur ses genoux.

L'Amour s'envole en lui décochant une flèche.

A ses pieds, un petit chien, les pattes de devant posées sur un tabouret.

Plume et encre de Chine.
Collection Marmontel.

DIAZ

(N.)

33 — *Assemblée dans un parc.*

Beau dessin à l'essence, de forme ovale.

DROLLING

34 — *La Bonne Aventure.*

Dans une cour de ferme, une bohémienne tenant des cartes prédit l'avenir aux paysans assemblés.

A gauche, une servante tire de l'eau dans un puits.

Signé à gauche.

Encre de Chine.

DU JARDIN

(K.)

35 — *Les Tonneliers.*

Plume et encre de Chine.

DYCK

(A. VAN)

36 — *Gentilhomme debout en pied.*

Dessin au crayon noir rehaussé de blanc sur papier gris, portant les marques des collections de Th. Lawrence et Hobson.

Collection de M. le baron de Schwiter.

ÉCOLE FRANÇAISE

(XVIIIe siècle)

37 — *Projet d'une Fontaine monumentale érigée en l'honneur du mariage du Dauphin (Louis XVI) et de l'archiduchesse d'Autriche (Marie-Antoinette).*

A droite et à gauche du monument principal, des pyramides décorées d'amours et de dauphins projetant des gerbes d'eau.

A la plume, lavé d'encre de Chine et d'aquarelle.
A figuré à l'Exposition du Musée des Arts décoratifs de 1880.

ÉCOLE FRANÇAISE

38 — *Le Bouillon de la Mariée.*

Elle est encore au lit : son époux lui prend la main en souriant, tandis que la mère lui présente un grand bol de bouillon; une autre femme ferme la porte au nez des indiscrets.

Ce gracieux dessin, à la plume teinté de sépia, a été attribué à Debucourt.
Collection Guichardot.

ÉCOLE FRANÇAISE

(XVIIIe siècle)

39 — *Portrait de Jeune Fille.*

Étude.
En buste, la tête encapuchonnée.

Crayon noir.
Collection Sensier.

ÉCOLE FRANÇAISE

40 — *Motif de décoration.*

Figures allégoriques sous des arceaux enguirlandés.

Lavis et blanc au pinceau sur papier jaune.

ÉCOLE FRANÇAISE

41 — *Costume de ballet.*

Trait imprimé colorié à l'aquarelle.

ÉCOLE FRANÇAISE

42 — *La Promenade des Amoureux.*

Costumes de l'Empire.

Mine de plomb.

ÉCOLE ANGLAISE

43 — *Portrait de Jeune Femme.*

Coiffée d'un chapeau à plumes et rubans, les épaules enveloppées d'un fichu blanc et d'une mante de dentelle noire, elle est assise et tient une lettre en souriant.

Aquarelle attribuée à Cosway.
Cadre Louis XV à fronton.

ÉCOLE ITALIENNE

(XVIe siècle)

44 — *Fontaine.*

Formée par une niche au-dessous de laquelle est un bassin; dans le haut, une tête de satyre, un vase et des chimères dans des roseaux posés sur un entablement de pierre.

Beau dessin à la plume et à la sépia.
Collection de M. le baron de Schwiter.

EISEN

45 — *Les Enfants guerriers.*

Groupe d'enfants nus avec attributs de guerre dans un cartouche d'ornements.

Joli dessin pour tête de page, à la plume, lavé d'encre de Chine et à la sépia, gravé par J. P. Lebas.

Collection de M. le comte de la Béraudière.

FRAGONARD

(H.)

46 — *Villa italienne.*

Plusieurs groupes de figures au repos dans un parterre décoré de statues et de caisses d'orangers.

Plus loin, des terrasses devant une villa à colonnade circulaire.

Très beau dessin au bistre avec rehauts d'aquarelle.

A figuré à l'Exposition de la *Grosvenor Gallery* en 1878 et à celle de l'École des Beaux-Arts en 1879.

FRAGONARD

(H.)

47 — *Les Bergers.*

Ils sont au repos près de leurs moutons, à côté d'une clôture en planches à l'entrée d'un bois. Ciel nuageux.

Très beau dessin au bistre avec rehauts d'aquarelle. A figuré à l'exposition de la *Grosvenor Gallery* en 1878 et à l'École des Beaux-Arts en 1880.

FRAGONARD

48 — *Allée de Parc.*

De chaque côté de l'entrée, des colonnades surmontées de terrasses à l'italienne avec galeries ornées de statues, de nombreux groupes de personnages parcourent l'allée bordée d'arbres touffus; au fond, un escalier monumental.

Important dessin à la sépia provenant de la vente après décès de M. Walferdin.

FRAGONARD

49 — *Jardin avec Terrasse.*

Une fontaine monumentale, surmontée d'une terrasse ornée de statues, se dresse à l'extrémité d'une allée bordée d'une charmille.

Groupe de personnages au premier plan.

Pierre noire.

FRAGONARD

50 — *Fontaine avec Jet d'eau.*

Elle est élevée au-dessus d'un portique, au milieu d'un escalier monumental à double rampe donnant accès sur une terrasse.

Au premier plan, quelques figures.

Aquarelle.

GÉRICAULT

51 — *Palefrenier faisant boire des chevaux dans une rivière.*

Encre de Chine.
Collection de M. le baron de Schwiter.

GÉRICAULT

52 — *Cavaliers turcs.*

Mine de plomb.
Collection de M. le baron de Schwiter.

GESSNER

(F.)

53 — *Paysage avec ruines.*

Signé des initiales.

Plume et lavis.

GOYEN

(J. VAN)

54 — *L'Estacade.*

Des villageois viennent puiser de l'eau du haut d'une estacade dans une rivière encaissée et bordée de chaumières.

Très beau dessin signé du monogramme et daté 1630.
Pierre noire ombrée au lavis.

GOYEN

(J. VAN)

55 — *Bestiaux au repos.*

Des vaches sont arrêtées sur un tertre qui domine un chemin creux où l'on voit un chariot au bord d'une rivière. Au fond, silhouettes de cabane et de moulin.

Très beau dessin à la pierre noire teinté au lavis, signé à droite et daté 1652.

Collection Nyon.

GOYEN

(J. VAN)

56 — *Les Patineurs.*

Nombreuses figures groupées auprès d'une tente sur un canal glacé.

Monogramme et millésime 1651.

Pierre noire et sépia.

Collection Nyon.

GOYEN

(J. VAN)

57 — *Un Marché.*

Dessin à la pierre noire.

Collection Sensier.

GOYEN

(J. VAN)

58 — *Paysage.*

Au centre, des villageois puisent de l'eau dans une citerne.

Encre de Chine et pierre d'Italie.
Collection de M. le baron de Schwiter.

GRAVE

(J. DE)

59 — *Villes hollandaises et paysage.*

Trois aquarelles.

GRAVELOT

60 — *Dessin pour vignette.*

Plume et encre de Chine.

GUARDI

(F.)

61 — *Une Place de Venise.*

Nombreuses figures et groupes de promeneurs disséminés sur tous les plans d'une grande place bordée de palais.

Superbe dessin à la plume et la sépia portant le cachet d'une ancienne collection.
Vente Paravey.
A été reproduite dans le journal *l'Art.*

GUARDI

(FRANCESCO)

62 — *Péristyle d'un Palais.*

Des figures traversent un portique ayant vue sur une place avec palais à escalier monumental.

Beau dessin à la sépia.

HILAIR

63 — *Paysage d'Orient.*

Signé et daté 1776.

Sépia.

HILAIR

64 — *Albanais vu de dos.*

Signé et daté 1778.

Plume rehaussée d'aquarelle.

HUET

(J. B.)

65 — *Les Colporteurs.*

L'un d'eux porte un ballot sur un crochet, un autre, une femme et un enfant sont au repos contre un mur.

Signé à droite et daté 1782.

Joli dessin à la plume et à l'aquarelle.

Collection A. Fould.

A figuré à l'exposition de la *Grosvenor Gallery* en 1878.

HUET

(J. B.)

66 — *L'Abreuvoir.*

Un petit garçon a fait entrer une vache, un mouton et un âne dans une mare auprès de deux grands chênes.

Aquarelle.

HUET

(J. B.)

67 — *La Bergère.*

Vache et plusieurs moutons sous la garde d'une jeune fille assise sous un arbre. Près d'elle un petit garçon et un chien.

Le pendant.

Figures et animaux au bord d'un cours d'eau dont les rives sont boisées.

Aquarelles.

HUET

(J. B.)

68 — *La Promenade à âne.*

Dessin à la plume et à l'aquarelle gravé.

HUET

(J. B.)

69 — *Étude.*

Têtes d'enfants, de chien et de chat.

Dessins aux trois crayons.

HUET

(J. B.)

70 — *Trophée de chasse.*

Signé et daté 1772.

Plume et sépia.

HUET

(J. B.)

71 — *Trophée d'attributs guerriers.*

Plume et sépia.

HUET

(J. B.)

72 — *Étude d'Oiseaux et de Têtes de Chiens.*

Signé et daté 1769.

Aquarelle.

HUYSUM

(J. VAN)

73 — *Chasse en rivière.*

Deux chasseurs suivent leur chien en arrêt sur la berge; de l'autre côté de l'eau, au milieu de la verdure, se dressent les ruines d'un palais à colonnes.

HUYSUM

(J. VAN)

74 — *La Cueillette des fleurs.*

Pendant du précédent.

Plume et encre de Chine.

JONVILLE

75 — *Étang près d'un parc.*

Petite gouache dans le goût de Louis Moreau.

En marge la signature de l'artiste.

LAMI

(EUGÈNE)

76 — *Le Bal de l'Opéra.*

Magnifique aquarelle sur vélin pour feuille d'éventail.

LANCRET

(N.)

77 — *Jeune Femme assise à terre.*

En costume de chasse, coiffée d'un tricorne, une main à la taille et de l'autre tenant un verre.

Sanguine.
Collection de M. le baron de Schwiter.

LANCRET

(N.)

78 — *Dame tenant un éventail.*

En robe à panier debout, soulevant les plis de sa jupe; à droite, étude de main tenant une montre.

A la sanguine.
Collection de M. le baron de Schwiter.

LANCRET

(N.)

79 — *Étude.*

Jeune femme debout tenant un ruban.

Pierre noire et sanguine.
Collection de M. le baron de Schwiter.

LANCRET

(N.)

80 — *La Leçon de lecture.*

Au verso, des petites filles sur un traîneau.

Sanguine.
Collection de M. le baron de Schwiter.

LANCRET

(N.)

81 — *Étude.*

Homme étendu sur le sol et appuyé sur le bras gauche; à droite, une seconde étude du bras et du torse.

Sanguine.
Collection de M. le baron de Schwiter.

LANTARA

82 — *Le Moulin à eau.*

Petit dessin au crayon de la dimension d'une carte de visite, signé à gauche.

LE BRUN

(CHARLES)

83-90 — Intéressante suite de huit très beaux dessins à la plume, lavés d'encre de Chine, représentant les *Façades des pavillons du château de Marly-le-Roi.*

Au bas de deux de ces dessins se trouve la note suivante de la main de Colbert et accompagnée de sa signature :

« *Résolu ce 21me mars 1683, Colbert.* »

Ce sont les projets qui furent approuvés et mis à exécution (voir les vues du château gravées par Aveline, Rigaud, et divers plans à l'aquarelle conservés à la Bibliothèque nationale).

Le Louvre possède quatre dessins de la même suite dont l'un est la répétition du nº 85 de la présente notice. Ils sont décrits sous les nos 1865, 66, 67 et 68 de la *Notice supplémentaire des dessins du Musée National du Louvre*, par le vicomte Both de Tauzia. conservateur des peintures, des dessins et de la chalcographie.

Ils ont été reproduits dans le journal *l'Art* au cours de l'étude faite par **M. A.** Genevay : « Charles Le Brun et son influence sur l'art décoratif ».

LE BRUN

(CH.)

91 — *Fontaine monumentale.*

Plume et encre de Chine.

LE MAY

(O.)

92 — *Pêcheurs en rivière.*

Gouache signée O. Lemay 1767.
Exposition de la *Grosvenor Gallery* en 1878.

LE MAY

(O.)

93 — *Villa au bord d'un lac.*

Gouache.

LEPICIÉ

(N. B.)

94 — *Portrait de Jeune Fille.*

Elle est vue de face, la tête légèrement inclinée, les deux bras croisés appuyés sur un coussin posé sur un balcon.

Pierre noire.
Collection de M. le comte de la Béraudière.

LEPICIÉ

(N. B.)

95 — *Petite Paysanne debout.*

Mine de plomb.
Collection de M. le baron de Schwiter.

LE PRINCE

(J. B.)

96 — *Le Repos des Bergers.*

Deux bergers sont endormis sur le gazon

auprès d'une passerelle en planche sur la lisière d'un bois.

Signé à droite et daté 1776.

Sépia. Cadre Louis XVI.
Collection Nyon.

LE PRINCE

(J. B.)

97 — *Les Pêcheurs à la ligne.*

Deux villageois jettent leurs lignes dans un torrent traversé par un vieux pont.

Signé à gauche.

Sépia.

LE PRINCE

98 — *Paysan conduisant un âne.*

Sépia.

LOO

(C. VAN)

99 — *Tête d'Orientale.*

Étude à la sanguine.

LOUTHERBOURG

100 — *Un Campement de Bohémiens.*

Important dessin à la sépia.

MEULEN

(VAN DER)

101 — *Le Siège de Namur.*

Au premier plan, le roi à cheval au milieu de son état-major; à droite, un escadron de cavaliers occupés à transporter des gabions et des fascines dans la tranchée. Au loin, la ville vue à vol d'oiseau.

Plume et encre de Chine.
A figuré à l'exposition de la *Grosvenor Gallery* en 1878.

MEULEN

(VAN DER)

102 — *Bataille.*

Au premier plan plusieurs cavaliers s'attaquent avec fureur; un soldat gît sur le sol. Au fond, une mêlée.

Beau dessin à la sanguine.

MICHAU

103 — *Grotte près d'une rivière.*

Plume et sépia.

MICHEL

(G.)

104 — *La Plaine Saint-Denis.*

Groupe de figures au premier plan.

Aquarelle.

MOREAU LE JEUNE

105 — *Le Petit Lever.*

Une jeune femme est assise devant une toilette entre deux abbés et prend une tasse de café; une petite fille apporte un coffret et une suivante coud au fond de la pièce.

Collection Maherault.
Encre de Chine.

MOREAU

(LOUIS)

106 — *Le Moulin de Saint-Ouen.* 170

Des pêcheurs jettent leurs filets; près du moulin plusieurs maisonnettes sont à demi cachées dans la verdure.

Jolie aquarelle provenant de la collection Guichardot.

MOREAU

(LOUIS)

107 — *La Chaumière.*

Jolie gouache.

MOREAU

(LOUIS)

108 — *Une Chartreuse dans les montagnes.*

Gouache.

MOREAU

(LOUIS)

109 — *Paysage.*

Des barques de pêcheurs sillonnent la rivière ; au fond on aperçoit l'église d'un village.

Gouache.

MOREAU

(LOUIS)

110 — *Bords de rivière.*

Gouache.

MOLYN

(PIERRE)

111 — *Campagne accidentée.*

Villageois gravissant un chemin sur la colline ; au fond, une tour et une enceinte de ville.

Dessin à la pierre noire teinté à l'encre de Chine, signé à gauche : *P. Molyn, 165.*

Cadre Louis XVI sculpté.

Collection Marmontel.

MOUCHERON

(ISAAC)

112 — *Paysage boisé arrosé par une rivière.*

Plume et lavis.
Collection Guichardot.

NATTIER

(J. M.)

113 — *Mademoiselle Baron et sa mère.*

Charmant dessin, sanguine et pierre d'Italie.
Collection de M. le baron de Schwiter.

NATTIER

(J. M.)

114 — *Portrait d'Homme.*

Portrait de Femme (Mlle Legrand).

Deux dessins à la sanguine.

NATTIER

(J. M.)

115 — *Trois Têtes de Femmes : Mlle Benoy, Mlle Dangé, Mlle Guireind.*

Sanguine.
Collection de M. le baron de Schwiter.

NICOLLE

116 — *Les Bords du Tibre, près du pont des Sénateurs.*

A droite, le temple de Vesta.

Importante aquarelle signée en toutes lettres.
Collection Nyon.

NORBLIN

(J. M.)

117 — *L'Amazone.*

Dames en toilette Louis XVI galopant dans la campagne.

Sépia.

OSTADE

(ADRIEN VAN)

118 — *Une Kermesse.*

Villageois dansant et se récréant sur la place du village; d'autres se pressent devant les boutiques des marchands forains. Au premier plan, trois enfants roulent par terre.

Importante composition à la plume lavée d'encre de Chine.

Collection Charles Blanc.

OUDRY

(J. B.)

119 — *Un Parc.*

Vers la gauche, un escalier conduisant sur une terrasse ; au premier plan, plusieurs personnages. Les figures sont dessinées par J. M. Moreau le jeune.

Très beau dessin à la pierre noire rehaussé de blanc sur papier gris. Cadre Louis XVI en bois sculpté.

A été reproduit dans le journal *l'Art*.

Vente de M. le comte de la Béraudière.

OUDRY

(J. B.)

120 — *Nature morte.*

Un chevreuil et une cigogne suspendus à une branche d'arbre; sur la droite, deux faucons.

Gouache.

121 — *Un Loup attaqué par des Chiens.*

Gouache.
Vente de M. le baron de Schwiter.

OZANNE

122 — *Paysage.*

Tour dans un îlot au milieu d'une rivière avec pêcheurs.

Plume et encre de Chine.

OZANNE

(D'après J. VERNET)

123 — *Le Pont des Sénateurs sur le Tibre.*

Encre de Chine.

PATER

(J. B.)

124 — *Femme assise.*

Une jeune femme est assise sur une chaise, le corps légèrement penché en avant; elle porte la main droite à son corsage et paraît écouter un propos galant. A droite, deux études de mains.

Très beau dessin à la sanguine d'une touche spirituelle.

A figuré à l'exposition de la *Grosvenor Gallery* en 1878.

PATER

(J. B.)

125 — *Soldat assis vu de dos et Homme debout tenant un verre.*

Sanguine.

Collection de M. le baron de Schwiter.

PÉRIGNON

126 — *Un Village.*

Gouache.

PÉRIGNON

(N.)

127 — *Moulin sur un torrent.*

Encre de Chine.

PÉRIGNON

(N.)

128 — *Cour de ferme.*

Aquarelle signée des initiales.

PIERRE

129 — *Jeune Femme en toilette de nuit.*

Sanguine.

PICART

(BERNARD)

130 — Vignettes et lettres ornées pour illustration d'un livre du commencement du XVIIIe siècle.

Neuf dessins à la plume et lavis d'encre de Chine

PORTAIL

(A.)

131 — *L'Assemblée au Salon.*

Une réunion de dames et de gentilshommes en lecture ou faisant de la musique dans un salon décoré de tableaux.
Cadre Louis XV sculpté.

A la mine de plomb.

POTTER

(Attribué à P.)

132 — *Deux Vaches.*

Étude.

Lavis et rehauts de blanc.

POULLEAU

133 — *Intérieur d'une Église de Rome.*

Plume et lavis.

PRUD'HON

(P. P.)

134 — *Billet de bal.*

De chaque côté de la place réservée à la légende, Euterpe et Terpsichore sur des piédestaux reliés par des degrés devant lesquels est un trophée d'attributs de la musique.

En haut un mascaron, tête de Mercure.

Collection His de la Salle.

Beau dessin aux crayons noir et blanc sur papier gris; a été lithographié.

PRUD'HON

(P. P.)

135 — *Les Sciences.*

Un vieillard en pied, debout, drapé, tient de la main droite un style, sa main gauche est posée sur une tablette où sont tracés des problèmes; au bas, à droite, une sphère.

Vente C. Marulle.

ROBERT-HUBERT

135 — *Jeunes Filles au Puits.*

L'une d'elles emplit ses seaux à un puits dont la margelle est formée d'un sarcophage placé entre deux fûts de colonnes cannelées ; l'autre verse de l'eau dans un baquet; près d'elles une laveuse et deux enfants.

Plume et aquarelle.

A figuré à la *Grosvenor Gallery* en 1878 et à l'École des Beaux-Arts en 1879.

ROBERT-HUBERT

137 — *L'Heureuse Mère.*

Assise devant la cheminée, une jeune femme amuse son poupon avec des cartes qu'elle range sur une table rognon. Effet de lumière.

Plume et sépia.

Collection Sensier.

ROBERT-HUBERT

138 — *Arc de triomphe en ruines.*

Une villageoise portant un seau s'approche d'un puits installé dans une cour que surmonte un arc de triomphe.

Très beau dessin à la sanguine.

ROBERT-HUBERT

139 — *Cour de palais.*

Plume et lavis.

Ruines antiques.

Contre-épreuve à la sanguine.

ROBERT-HUBERT

140 — *Jeune Fille dessinant d'après un buste.*

Plume et sépia.
Deux dessins sur une feuille.

ROBERT-HUBERT

141 — *Vue du Panthéon d'Agrippa.*

Plume et lavis.
Collection de M. le comte de la Béraudière.

RAPHAEL

(École de)

142 — *Le Jugement de Pâris.*

Dessin de forme ronde au lavis de bistre, pour plat de faïence d'Urbino.

Collection de M. le comte de la Béraudière.

RUYSDAEL

(JACOB)

143 — *Les Moulins à vent.*

144 — *Rivière de Hollande.*

Pendant du précédent.

Deux vues très étendues, finement dessinées au pinceau.

SAINT-AUBIN

(G.)

145 — *Portrait présumé de Diderot.*

Il est vu de profil, tourné vers la droite, les bras croisés sur la poitrine.

Précieux dessin à la mine de plomb, légèrement estompé.

A figuré à l'Exposition de la *Grosvenor Gallery* en 1878.

SCHALL

146 — *L'Invocation à Vénus.*

Une jeune fille est agenouillée au pied de la statue de la déesse pendant que l'objet de sa flamme l'écoute, se tenant caché dans les arbres.

Plume et encre de Chine.

SCHWARTZ

(CH.)

147 — *Le Calvaire.*

Plume et sépia.

TIEPOLO

(J. B.)

148 — *Daphné changée en laurier.*

Dessin à l'encre de Chine.
Exposition de l'École des Beaux-Arts.

TIEPOLO

(J. B.)

149 — *Petite Fille debout, vue de face.*

Plume et encre de Chine.

TIEPOLO

(D.)

150-151 — *Faunesses et Satyres.*

Deux pendants.
Signés en toutes lettres.

Plume et sépia.
Ont figuré à l'Exposition de la *Grosvenor Gallery* en 1878 et à celle de l'École des Beaux-Arts en 1879.

TRINQUESSE

152 — *La Musicienne.*

Une jeune femme en costume Louis XVI est assise sur un canapé, les jambes croisées, et joue de la mandoline.

Sanguine.
Collection Sensier.
Reproduit dans le journal *l'Art.*

TRINQUESSE

153 — *La Liseuse.*

Une jeune femme en lecture assise dans un fauteuil le pied sur un tabouret.

Crayon noir et crayon blanc sur papier bleu.
Collection Saucède.

TRINQUESSE

154-155 — *Deux Dessins.*

Représentant deux jeunes femmes assises en toilette du temps de Louis XVI.

Crayon rehaussé de blanc.
Collection Saucède.

VERNET

(J.)

156 — *Les Lavandières.*

Elles sont au bord d'une rivière qui baigne le pied d'une tour non loin d'un pont à trois arches.

Beau dessin à la pierre noire teinté d'encre de Chine.

Collection Nyon.

VERNET

(J.)

157 — *Port de mer.*

Des pêcheurs retirent leurs filets, à droite, un rocher taillé à pic et à l'horizon un phare.

Pierre noire et encre de Chine

Collection Nyon.

VERNET

(JOSEPH)

158 — *Paysage des environs de Rome.*

A gauche, un pont à plusieurs arches et défendu par une tour carrée est traversé par un muletier; à droite, deux villageois suivent le bord de la rivière précédés d'un chien.

Beau dessin au lavis, signé et daté 1764.
Collection Nyon.

VELDE

(ADRIEN VAN DE)

159 — *Pâturage.*

Vache et mouton dans un pré au bord d'une mare.

Plume et sépia.
Collection Nyon.

VÉRONÈSE

(ALEX.)

160 — *La Naissance de la Vierge.*

Plume et sépia.

WATTEAU

(ANTOINE)

161 — *Étude.*

Femme vue de dos agenouillée, une main contre un arbre et se baissant pour ramasser quelque chose. Au bas de la feuille, deux chiens, l'un couché, l'autre se désaltérant dans un baquet.

Beau dessin à la sanguine.
Collection Maherault.
A été reproduit dans le journal *l'Art*.

WATTEAU

(A.)

162 — *Étude.*

Deux femmes assises dans un paysage et deux figures d'hommes légèrement indiquées au trait.

Sanguine.
Collection de M. le baron de Schwiter.

WILLA

(E.)

1776

163 — *Ville traversée par une rivière.*

Encre de Chine.

WILLE

(J. G.)

164 — *Jeux d'enfants.*

Des gamins se laissent glisser sur la pente d'un tertre près d'une chaumière.

Signé et daté 1769.
Plume et sépia.

ZINGG

(A.)

165 — *Rochers au bord de l'eau.*

Encre de Chine.

166 — Sous ce numéro quelques lots de Dessins en feuilles.

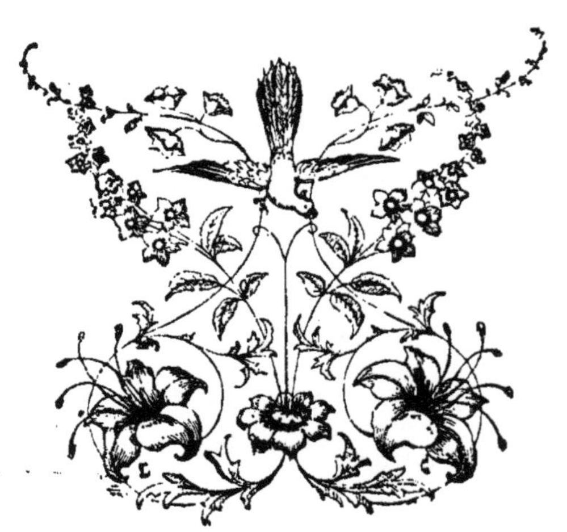

www.ingramcontent.com/pod-product-compliance
Ingram Content Group UK Ltd.
Pitfield, Milton Keynes, MK11 3LW, UK
UKHW021314190726
13839UKWH00007B/1351